Fröhliche Weihnachtsideen

Wenn Elche springen und Engel singen ist der Weihnachtsmann nicht mehr weit. In meinem neuen Buch zeige ich Ihnen, wie Sie mit kleinen, selbst gebastelten Dekorationen Ihr Heim weihnachtlich gestalten können. Dabei sind farbenfrohe Türschilder, niedliche Wandhänger, fröhliche Fensterbilder, stimmungsvolle Lichter und mehr – eine vielseitige Mischung für die ganze Familie.

Die kleinen Engel, die Anleitung dafür finden Sie übrigens auf Seite 30, und ihre Weihnachts- und Winterfreunde werden aus bunten Papieren, Transparentpapieren, Filz und Bastelhölzern angefertigt und mit passenden Accessoires liebevoll dekoriert.

Viel Freude beim Basteln und eine schöne Vorweihnachtszeit wünscht Ihnen

Pia Pedevilla

IHRE GRUNDAUSSTATTUNG

Diese Materialien und Werkzeuge werden häufig verwendet. Sie sollten sie zur Hand haben, denn sie werden in den Materiallisten nicht gesondert aufgeführt.

- festes Transparentpapier (für Schablonen)
- feine Filzstifte in Rot und Schwarz (für Augen und Mund)
- Lackmalstift in Weiß (für Lichtpunkte)
- Pauspapier
- weicher Bleistift, Bleistiftanspitzer, Radiergummi
- Alleskleber, Klebestift, Heißklebepistole, z. B. UHU
- mittelgroße, spitze Schere, Nagelschere
- Cutter mit geeigneter Schneideunterlage
- Buntstifte in vielen Farben
- Nadel und Faden (Nähseide, Nylonfaden)
- Zirkel oder Prickelnadel
- Schaschlikstäbchen
- Schmirgelpapier, Messer
- Klebepads oder Abstandsband

Hinweise: Mit „Rest" ist immer ein Stück gemeint, das maximal A5 groß ist.

Wenn Kinder bei den Bastelarbeiten mithelfen, lassen Sie sie den Cutter nie allein benutzen. Auch die Heißklebepistole gehört nicht in Kinderhände.

So wird's gemacht

1 Die Vorlage mit Bleistift auf ein festes Transparentpapier übertragen und ausschneiden – fertig ist die Schablone.

2 Diese Schablone auf das Papier in der gewünschten Farbe auflegen, mit einem Bleistift umfahren und ausschneiden. Abgerundete Formen lassen sich leichter mit einer kleinen Nagelschere schneiden, gerade Schnitte gelingen am einfachsten mit einem Cutter. Dabei muss immer eine feste Unterlage verwendet werden und Kinder sollten damit nicht unbeaufsichtigt arbeiten.

3 Mithilfe des Vorlagenbogens die Einzelteile positionieren, zusammenkleben und zusätzlich dekorieren: zeichnen, beschriften, bemalen. Die Gesichtslinien mit Filzstift aufmalen. In die schwarzen Augen und auf die roten Nasenpunkte kann mit weißem Lackmalstift ein Lichtpunkt gesetzt werden.

Tipp: Fotokarton-Dessins, die wie Stoff aussehen, kann man ganz einfach selber machen. Vor dem Ausschneiden mit Buntstift ca. 1 cm breite Karos aufzeichnen und mit einer anderen Farbe dann Linien dazwischen ziehen.

1

2

3

Tipps und Tricks

- Auch die Gesichtslinien werden mit Transparentpapier übertragen. Dafür die Vorlage abpausen, das Papier wenden und auf der Rückseite alle Innenlinien mit einem weichen Bleistift nachziehen. Dann das Papier wieder wenden, passgenau auflegen und die Innenlinien mit einem harten Bleistift nachziehen.
- Dünne Papier- oder Drahtspiralen entstehen, indem man den Draht eng um ein Stäbchen oder einen Bleistift wickelt, vorsichtig wieder abstreift und eventuell etwas auseinanderzieht.
- Die Wangen können mit Abrieb vom roten Buntstift gefärbt werden. Dazu mit einem Bleistiftspitzer oder Schmirgelpapier etwas Farbe vom Stift schaben und auf dem Gesicht verreiben.
- Streifen werden mit Buntstiften aufgemalt, farbige Punkte mit Lackmalstift oder Filzstift gesetzt.
- Einen plastischen Effekt erzielt man, wenn Teile mit Klebepads unterlegt werden wie z. B. Ärmel oder Kartonnase.

Rudi Rentier und seine Freunde

→ Liebes für den Tisch

MOTIVHÖHE
Rentier ca. 10 cm
Windlicht ca. 7 cm

MATERIAL RENTIER

- Fotokartonrest in Weiß
- Tonpapierrest in Rot oder Weiß-Rot kariert
- Plastikhalbperle in Schwarz, ø 8 mm

WINDLICHT

- Fotokarton in Weiß, A4
- Transparentpapierrest in Rot

VORLAGEN-BOGEN 1A

Windlicht

1 Die Vorlage auf weißen Fotokarton übertragen und an den gestrichelten Linien zum Falten mit einer Zirkelspitze einritzen.

2 Die Herzen mit Cutter oder Nagelschere ausschneiden und hinter dem Ausschnitt ein Herz aus rotem Transparentpapier (Strich-Punkt-Linie) fixieren.

3 Bevor alles zusammengeklebt wird, mit einer Prickelnadel die Schmuckpunkte einstechen. Das Windlicht zusammenkleben und ein Teelicht hineinstellen.

Rentier

1 Das Rentier mit einer Nagelschere aus Fotokarton ausschneiden und die schwarze Nase aufkleben. Die Gesichtslinien mit Filzstift aufmalen.

2 Die Satteldecke entsteht aus einem in der Mitte gefalzten Rechteck aus rotem Tonpapier, auf das mit weißem Lackstift ein Muster aufgemalt wird. Noch einfacher ist es, gemustertes Tonpapier zu verwenden.

Tipp: Das Rentier eignet sich für vielfältige Anwendungen: als Geschenkanhänger, als Tischkärtchen, für Karten usw. Das Bild zeigt nur einige Beispiele, die beliebig erweitert werden können.

FROHES
FEST
MONIQUE

FROHES
FEST

Weihnachtskatze

→ einladendes Türschild

MOTIVHÖHE
ca. 39 cm

MATERIAL
- Fotokarton in Weiß, A3
- Fotokartonreste in Rot, Grün, Grau und Pink
- Transparentpapierrest in Weiß mit Sternen
- 2 Messingglöckchen, ø 2,8 cm
- Wattekugel, ø 1,5 cm
- Plastikhalbperle in Schwarz, ø 6 mm
- Ast, ø ca. 8 mm, 30 cm lang
- Goldliner
- Schnee- oder Plusterstift in Weiß
- Stechpalmenblatt mit Beeren (aus Polyresin), 2 cm lang
- je 2 Holzkugeln in Pink und Hellgrün, ø 1 cm
- Blumendraht in Braun, ø 0,35 mm, 2 x 20 cm und je 1 x 40 cm und 80 cm lang

VORLAGENBOGEN 1A

1 Zuerst wird der Katzenkörper aus weißem Fotokarton ausgeschnitten: der Körper, der Kopf, die Hände und die Füße. Darauf das Hemd mit dem mit Filzstift gestalteten Saum sowie der Ärmelmanschette kleben. Die Hinterpfoten laut Abbildung fixieren, vorher mit etwas Bleistiftabrieb die Tatzenpunkte aufmalen.

2 Nun den Kopf gestalten: Die Gesichtslinien mit Filzstift und das Fellmuster mit Bleistift aufmalen, die Nase festkleben und die Zipfelmütze mit der Wattekugel-Bommel fixieren. Der Rand der Mütze wird mit rotem Filzstift gestaltet. Die Ohren und Wangen mit Buntstiftabrieb röten.

3 Den Schal mit einem mit Buntstift aufgemalten Karomuster versehen (siehe Anleitung Seite 2). In den Schal einen Schlitz einschneiden und dort den Hals einstecken und festkleben.

4 Das weiße Schild auf grünen Fotokarton kleben und mit einem 2 mm breiten Rand ausschneiden. Die Löcher einstechen und den 40 cm langen Draht kräuseln und anbringen. Auf das Transparentpapier mit Goldliner „Frohes Fest“ schreiben und es auf das weiße Schild kleben. Darüber die zwei Blätter und die Maus befestigen. Die Mütze der Maus ist mit einem Schneestift dekoriert, als Nase eine schwarze Halbperle aufkleben. Das fertige Schild wird unter dem Schal fixiert.

5 Die Vorderbeine der Katze hinter den Ast kleben und davor die Pfoten anbringen. Auf die zwei Drahtstücke wie abgebildet die Glöckchen und Perlen auffädeln, den Draht kräuseln und am Ast arrangieren.

Engelchen

→ niedliches Türschild

MOTIVHÖHE
ca. 34 cm

MATERIAL
- Fotokarton in Gold und Weiß, A4
- Fotokartonreste in Hautfarbe und Grün
- Tonpapierrest in Gold
- Transparentpapierrest mit Sternen in Weiß
- 4 Rillenperlen in Weiß, ø 8 mm
- 3 Röschen aus Papier in Weiß; ø 1 cm
- Minitannengirlande in Grün, 10 cm lang
- Karoband in Grün-Beige, 1 cm breit, 20 cm lang
- Blumendraht, ø 0,35 mm, 2 x 10 cm und 1 x 1 m lang
- Goldliner

VORLAGEN-BOGEN 1B

1 Den Mond quer hinlegen und mit einem wasserfesten Filzstift beschriften.

2 Das dreiteilige Engelskleid mit einem Goldliner mit Sternen und einer Bordüre verzieren. Das Armteil mit den Händen hinter den Körper kleben, auf die Rückseite die Flügel setzen. Den Oberkörper hinter den Mond kleben.

3 Die Löcher in den Rock und die mit Goldliner bemalten Schuhe stechen und die Teile mit Draht verbinden. Dann den Rock mit Klebepads auf dem Mond und dem Körper fixieren.

4 Das Gesicht mit Buntstift und Filzstift gestalten, die Nase aufkleben und es in das Haarteil schieben. Dafür vorher mit einem Cutter den Schlitz einschneiden. Die Tannengirlande aufkleben, die Enden umknicken und auf der Rückseite fixieren. Drei weiße Röschen auf die Girlande setzen.

5 Den Hals hinter den Körper kleben und den Engel mit einer Schleife schmücken.

6 Die Perlen mit etwas Abstand auf den Draht ziehen und diesen abschnittsweise kräuseln. Die Sterne zwischen die Perlen kleben und die Drahtenden an den Mond anbringen.

WEIHNACHTEN

Geschenktüte

→ witziger Wandschmuck

MOTIVHÖHE
ca. 40 cm

MATERIAL
- Tonpapier in Pink und Rot, A4
- Fotokartonreste in Gelb, Hellbraun, Pink, Hellgrün, Orange, Lila, Violett und Weiß
- Transparentpapier mit floralem Muster in Weiß, A3
- Schaschlikstäbchen, 20 cm lang
- Plusterstift in Weiß
- Glöckchen, ø 1,6 cm
- verschiedene Glasschliffperlen in Rottönen
- 2 Holzperlen in Rot, ø 1 cm
- Plombendraht in Gold, ø 1 mm, 11 x 25 cm lang
- Mistelzweig aus Stoff
- Trockensteckmasse
- Tannenzweige und Zapfen

VORLAGENBOGEN 1B

1 Den Rentierkopf ausschneiden, mit Filzstift und Buntstiften gestalten, die Nase aufkleben und von hinten das an den Spitzen mit braunem Buntstift gestaltete Geweih befestigen. Das fertige Gesicht auf ein Schaschlikstäbchen kleben, darunter die Ilexbätter mit den halbierten roten Holzperlen als Beeren fixieren.

2 Den Plombendraht an den oberen Enden z. T. schneckenförmig umbiegen, die anderen Stücke etwas in Form biegen. Die Glasschliffperlen aufstecken und laut Abbildung die Papierteile – die Päckchen vorher mit Buntstiften und Plusterstift bemalen – an die Drahtstücke kleben. Alles zurechtbiegen.

3 Die Tüte zusammenkleben, erst das größere rote Teil (gestrichelte Linie), darüber das kleinere pinkfarbene (durchgezogene Linie) legen und darauf festkleben. Von innen den gezackten Saum aus Transparentpapier aufkleben und die Zacken mit der Schere vorsichtig umbiegen. Die Herzen und Sterne aufkleben und mit einem Lackmalstift die Stiche am Rand aufzeichnen.

4 Ein Stück Steckmasse in die Tüte legen und den Elchkopf, die Sterne, Herzen und Päckchen sowie frische oder künstliche Tannenzweige etc. einstecken. Die fertige Tüte wird an zwei gegenüber eingeknoteten Fäden aufgehängt.

Tipp: Ein Rentierkopf alleine ergibt einen hübschen Blumenstecker. Die Vorlage für das Rentier links finden Sie auch auf Vorlagenbogen 1B.

Weihnachtszug

→ mit Kätzchen

MOTIVHÖHE
ca. 19 cm

MATERIAL
- Fotokarton in Hellbraun, A3
- Fotokartonreste in Gold, Weiß, Rot und Dunkelbraun
- Tonpapierreste in Weiß-Rot kariert und Weiß-Rot gestreift
- Wellenpappereste in Gold und Rot
- 6 Plastikhalbperlen in Schwarz, ø 1 cm
- Papierdraht, ø 1 mm, 2 m lang
- Faden in Rot, ø 2 mm, 50 cm lang
- Glöckchen in Gold, ø 1,6 cm
- Holzstern in Gold, ø 3,5 cm
- Thyrazweige
- Schnee- oder Plusterstift in Weiß

VORLAGEN-BOGEN 2A

1 Alle für den Zug benötigten Teile aus Fotokarton ausschneiden. Aus dem Führerhaus der Lokomotive das Fenster herausschneiden und den weißen Rahmen darum herum kleben. Die Lokomotive zusammenfügen und – wie auch die Wagons – mit einem roten Papierkreis bekleben und mit Pluster- oder Schneestift bemalen.

2 Auf jedes Rad eine Halbperle kleben und sie mit Klebepads auf die Wagons setzen; die Lokomotive erhält zusätzlich ein weißes Keksrad.

3 Mit einer Nadel in jeden Wagon rechts und links ein Loch stechen, in die Lokomotive nur an der linken Seite. Den roten Faden durchfädeln und damit den Zug verbinden.

4 Sämtliche Pakete mit Papierdraht umschlingen und versetzt hinter die Wagons kleben. Den Holzstern von vorne aufkleben.

5 Der Katze mit Bunt- und Filzstift ihr Gesicht aufmalen und sie hinter einen Wagon kleben, die Pfoten darauf. Das Motiv mit kleinen Thyrazweigen dekorieren.

Weihnachtsmann

→ sammelt die Weihnachtspost

MOTIV-HÖHE
ca. 30 cm

MATERIAL
- Fotokarton in Rot, 50 cm x 70 cm
- Fotokarton in Weiß, A3
- Fotokartonreste in Hellbraun, Dunkelbraun, Hautfarbe und Rot
- Fotokarton mit Spiralmuster in Creme, A4
- Motivkarton in Grün kariert, A4
- 2 Schaschlikstäbe, 8 cm lang
- 4 Holzperlen in Natur, ø 1,2 cm

VOR-LAGEN-BOGEN 2A

1 Den roten Fotokarton mittig falten, zusammenkleben und dann den Körper des Weihnachtsmannes daraus ausschneiden, so ist er stabiler. Ebenso den Motivkarton verstärken, diesen auf weißen Fotokarton kleben. Die anderen Motivteile einfach zuschneiden.

2 Die Mütze auf den Kopf kleben, die Bommel dahinter, die Krempe darauf. Das Gesicht mit Bunt- und Filzstift gestalten und die Bartteile und darüber die Nase aufkleben.

3 Den Kopf auf den Körper kleben und die Hände und Schuhe ergänzen. Die gestrichelten Linien mit Lackmalstift aufmalen.

4 Das weiße Rechteck als Briefumschlag gestalten. Diesen nun oben mit dem Hasenkopf und den Pfötchen, in der Mitte mit einem Herz dekorieren.

5 Mit einer Prickelnadel rechts und links unten in den Briefumschlag sowie in den Weihnachtsmann Löcher stechen.

6 Die Schaschlikstäbchen durch die Löcher schieben, dabei zwischen Umschlag und Weihnachtsmann ca. 6 cm Platz lassen. Auf die Stäbchenenden je eine Holzkugel kleben.

Tipp: **Der Weihnachtsmann kann auf eine Kommode neben die Eingangstüre gesetzt werden, er sieht aber auch hübsch aus, wenn er aufgehängt wird.**

wünscht
Irmgard Gartner
Wondrak
mal

Weihnachtliche Lichter

→ das mögen Kinder gerne

MOTIVHÖHE
Laterne ca. 26 cm
Windlicht ca. 14 cm

MATERIAL SCHNEEMANN-LATERNE
- Fotokarton in Weiß, 50 cm x 70 cm
- Fotokartonreste in Schwarz, Regenbogen und Hellblau
- 2 Bögen Transparentpapier mit Schneekristallen in Weiß, A4
- Knopf in Schwarz, ø 1,5 cm
- Deko-Besen, 18 cm lang
- Bast in Gelb-Orange
- Schnee- oder Plusterstift in Weiß
- Motivlocher: Schneekristall
- Lichterkette

PINGUIN-WINDLICHT
- Transparentpapier mit Schneekristallen in Weiß, A4
- Tonpapierreste in Schwarz und Gelb

VORLAGENBOGEN 2B

Schneemann-Laterne

1 Die beiden Körperhälften ausschneiden und mit Transparentpapier hinterkleben. Das Gesicht wird nur auf einer Seite gestaltet: Die Gesichtslinien aufmalen und die Nase fixieren. Die Basthaare aufkleben und darüber den schwarzen Zylinder mit dem Hutband befestigen. Auf das Hutband vorher das Karomuster wie in der Anleitung auf Seite 2 beschrieben malen.

2 Den Schal mit einem Lackmalstift mit weißen Punkten bemalen und die ausgestanzten Schneekristalle aufkleben. Die Schalenden einschneiden.

3 Die beiden Körperteile werden mithilfe eines 15 cm breiten Fotokartonstreifens mit eingeschnittenen Klebezacken verbunden. Die Länge ist auf der Vorlage eingezeichnet (gestrichelte Linie).

4 Der Schneemann bekommt noch seinen Besen in die Hand. Der Hut und der Besen können noch ein wenig mit dem Schneestift gestaltet werden. Den Knopf aufkleben und die Lichterkette einlegen. Am besten funktioniert eine mit Batterie, das Batterieteil kann dann einfach mit in die Schneemannlaterne gelegt werden.

Pinguin-Windlicht

1 Die Windlichtform aus Transparentpapier ausschneiden. Den schwarzen Pinguinkörper ausschneiden und so darauf kleben, dass die Füße unten auf der Papierkante stehen können. Füße und Schnabel fixieren und die Augen aufmalen.

2 Das Windlicht schließen und ein Teelicht hineinstellen.

Liebe Winterkinder

→ nettes Paar fürs Fensterbrett

MOTIVHÖHE
ca. 31 cm

MATERIAL

- Fotokartonreste in Weiß, Rot, Hellblau, Blau, Hellbraun, Braun, Schwarz und Hautfarbe
- Papierdraht in Weiß, ø 2 mm, 4 x 16 cm lang (Beine)
- Karoband in Rot-Weiß und Blau-Weiß, 1 cm breit, je 30 cm lang
- Schnee- oder Plusterstift in Weiß
- 2 Teelichtgläser

VORLAGENBOGEN 3A

1 Sämtliche Motivteile aus Fotokarton zuschneiden und mit schwarzem Filzstift, weißem Lackmalstift und Buntstift dekorieren. Den Mützenrand des Jungen mit dem Schneestift gestalten.

2 Beide Figuren werden gleich gearbeitet: Die Pullover oben auf die Hose bzw. auf den Rock kleben. Die Kleidungsstücke an den Linien mit Hilfe einer Schere und eines Lineals falzen.

3 Für die Beine den Papierdraht in der Mitte zusammenlegen und in sich zu einer dickeren Kordel drehen. Am unteren Ende der Kordelbeine Schuhe und Socken ergänzen, die oberen Enden hinter der Hose bzw. dem Rock befestigen.

4 Das eingeschnittene Haar des Jungen über das Gesicht schieben und festkleben. Die Mütze mit Krempe und Bommel besetzen. Den Hals durch den Schlitz im Schal schieben und am Pullover fixieren.

5 Die Haare des Mädchens auf den Kopf kleben. Kleine Schleifen drapieren und diese leicht nach oben biegen. Den Hals hinter den Pullover kleben und auf der Vorderseite die Schleife mit dem Knopf fixieren.

6 Hinter den Ärmeln die Hände der Kinder anbringen.

7 Jedes Herz mit Lackmalstift dekorieren und mittig auf das Karoband kleben. Die Windlichter mit den Karobändern umwickeln und auf den Schoß der Kinder stellen.

Tipp: Die Figuren sind noch stabiler, wenn von hinten auf Kopf und Körper ein Schaschlikstäbchen geklebt wird.

Die heilige Familie

→ festliche Szene

MOTIV-HÖHE
ca. 30 cm

MATERIAL
- Fotokarton in Grün, A4
- Fotokartonreste in Weiß, Hautfarbe, Grau, Dunkelgrau, Dunkelbraun, Grün, Dunkelgrün, Gelb, Blau, Schwarz und Ocker
- 4 Bastelhölzer, 15,5 cm x 2 cm
- 3 Bastelhölzer, 11,5 cm x 1 cm
- Acrylfarbe in Weiß, Braun und Hellgrau
- Blumendraht in Braun, ø 0,35 mm, 60 cm lang

VORLAGENBOGEN 3B

1 Alle schmalen Bastelhölzchen braun bemalen. Die breiten Bastelhölzer für Ochs und Esel braun und grau und für Maria weiß streichen. Das Hölzchen für Josef bleibt, mit Ausnahme der Hutspitze, naturfarben. Alles gut trocknen lassen. Die Krippe sowie der Stern werden noch mit rotem, braunem und gelbem Buntstift schattiert.

2 Auf den grünen und den blauen Fotokarton mit Buntstiften ein Karomuster malen (siehe Anleitung Seite 2). Danach sämtliche Motivteile ausschneiden.

3 Die Palmen zusammenkleben und an beiden Seiten der Wiese platzieren.

4 Die Gesichter der Schäfchen aufmalen und in den Haarschlitz (mit einem Cutter einschneiden) schieben. Die Beine ergänzen und die Tiere unterhalb der Wiese befestigen.

5 Die Bastelhölzchen für Kuh und Esel auf 10 cm kürzen, dann jede Figur mit den entsprechenden Motivteilen bekleben und die Gesichter aufzeichnen. Die Figuren hinter der Wiese befestigen.

6 Für die Krippe das übrige schmale Hölzchen in der Mitte durchschneiden, über Kreuz legen und zusammenkleben. Oberhalb davon das Strohstück ergänzen, das Gesicht in den Schlitz stecken und die Krippe aufkleben.

7 Den Schweif an seinem Ende mehrfach einschneiden und hinter den großen Stern kleben.
Alle Sterne auf dem Draht arrangieren, diesen zwischendurch immer wieder kräuseln und ihn wie abgebildet mit den Palmen verbinden.

Weihnachtsgans Auguste

→ warm angezogen

MOTIVHÖHE
ca. 25 cm

MATERIAL
- Fotokarton in Weiß, A4
- Fotokartonreste in Sonnengelb, Hellblau und Blau

VORLAGEN-BOGEN 4A

1 Die Motivteile ausschneiden und die blauen Stücke wie abgebildet mit einem Lackmalstift gestalten. Die gelben Stücke mit rotem Buntstift schattieren. Das Gesicht aufmalen und den Schnabel mit einem Klebepad aufsetzen.

2 Die Füße an die Beine kleben und die Verbindungsstelle mit den Stulpen abdecken. Das Hemdchen aufkleben.

3 Den Schal mit einem Cutter einschneiden und den Hals einstecken. Auf der Rückseite festkleben und dann den Kopf auf den Körper kleben.

4 Die Mütze fixieren, die Krempe aufkleben und die Bommel von der Rückseite anbringen.

Tipp: Passend zur Gans können auch ein Sternenanhänger oder eine Teelichtverzierung gebastelt werden. Das Transparentpapier mit Lackmalstift bemalen, die ausgeschnittene Sternenform aufkleben und die Außenränder nachschneiden.

Für die Windlicht-Verzierung einen 2 cm breiten Streifen zuschneiden und den Stern aufkleben, den Hänger mit einem Faden versehen und auf diesen eine farblich passende Perle ziehen.

Adventskalender Elch

→ besonders fröhlich

MOTIVHÖHE
ca. 23 cm (Kopf)

MATERIAL
- Fotokarton in Beige, Gold und Weiß, A4
- Tonpapierreste in Rot und Gold
- Formfilzreste in Rot und Bordeaux
- Karofilz in Grün und Rot, A4
- Rundholzstab, ø 8 mm, 37 cm lang
- Organzaband mit Taschen, 8 cm breit (Länge abhängig von Taschenanzahl)
- Acrylfarbe in Gold
- Glasperle in Rot, ø 8 mm und 1 cm
- diverse Wachsperlen in Gold, ø 4 mm
- diverse Organzabänder in Orange-, Rot- und Grüntönen (für die Geschenke)
- Blumendraht in Braun, ø 0,35 mm, 10 cm und 1,5 m lang
- selbstklebende Goldzahlen: 1 bis 24

VORLAGENBOGEN 2B

1 Den Rundholzstab mit goldener Farbe bemalen und trocknen lassen. Den grünen Karofilz auf weißen Fotokarton kleben und daraus die Handschuhe ausschneiden. Diese an den Stabenden fixieren.

2 Den Formfilzhut auf den mit Formfilznase und Filz- sowie Buntstift gestalteten Kopf kleben und die Hutkrempe aufsetzen. Den Filz vorher auf Papier kleben. Beide Ohren einschneiden, die Ränder der Schnittstelle übereinander legen, so dass sich die Ohren leicht wölben, und zusammenkleben. Diese sowie das Geweih hinter dem Kopf anbringen.

3 Dem Vögelchen das Auge mit einem wasserfesten Filzstift aufmalen und den Schnabel aufkleben. Dann das Vögelchen mit gekräuseltem Draht von hinten an die Mütze kleben. Den Flügel aus Tonpapier ergänzen.

4 Den Hals des Rentieres hinter den Kopf kleben, um den Holzstab führen und wieder am Kopf fixieren.

5 Mit der Heißklebepistole die Organzabänder am Holzstab befestigen. Den Aufhängedraht einige Zentimeter weit kräuseln, einige Perlen aufziehen und weiter kräuseln. Dann an den Holzstab binden.

6 Die Säckchen mit Goldzahlen bekleben und mit Geschenkpäckchen füllen, weitere Päckchen können an den Stab gehängt werden.

21
5
2
7
13
9
23

Weihnachtswichtel

→ witzig für Baum und Geschenke

MOTIVHÖHE
17 cm

MATERIAL
- Fotokartonreste in Pink, Hautfarbe, Karminrot, Weiß und Orange
- Golddraht, ø 1 mm, 20 cm lang
- 6 Glöckchen, ø 1 cm
- Goldliner

VORLAGEN-BOGEN 4B

1 Die Papierteile ausschneiden und mit Lackmalstift und Goldstift die Zierkanten und Bartkringel aufmalen.

2 Die Beine werden aus weißem Fotokarton geschnitten und mit Buntstiften bemalt, die Schleife mit Lackmalstift aufmalen.

3 Alle Teile laut Vorlage und Abbildung zusammenkleben. In die Hände Löcher einstechen und die zwei einzelnen Glöckchen bzw. die Glöckchenkette anbringen.

Bärchen-Engel

→ tierische Weihnachtsengel

MOTIV-HÖHE
ca. 18 cm

MATERIAL PRO BÄR

Fotokarton in Hellbraun, A4

Fotokartonreste in Rot und Weiß

Transparentpapier in Weiß mit Punkten

Wellpapperest in Weiß-Gold

Papierdraht in Natur, ø 2 mm, 30 cm lang (fliegender Bär)

Organzaband in Weiß, 1 cm breit, 20 cm lang (sitzender Bär)

Buchskranz, ø 11 cm (außen)

kleines Teelichtglas

VORLAGENBOGEN 4A

1 Alle Motivteile ausschneiden und das Gesicht mit Filzstift und Buntstiften gestalten. Die weißen Fuß- und Pfotenkreise sowie die Innenohren sind mit weißem Buntstift aufgemalt. Die Nase mit einem Klebepad aufsetzen, die Krone von hinten fixieren.

2 Beim fliegenden Bären das Kleidchen aufkleben und darauf die Transparentpapier-Flügel und mit einem Klebepad den Kopf setzen. Mit einer Prickelnadel Löcher in die Pfoten stechen und den gekräuselten Draht mit dem aufgefädelten Herzchen darauf fixieren.

3 Die Einzelteile für den sitzenden Bären zusammenkleben. Das Schleifchen umbinden und die Flügel auf der Rückseite fixieren. Den Bären etwas nach vorne biegen und den kleinen Buchskranz ankleben. In dessen Mitte kann ein Teelichtglas gestellt werden.

Goldlöckchen

→ niedliche Engel

MOTIV-HÖHE
ca. 18 cm

ENGEL

- 2 Bastelhölzchen, 15,5 cm x 2 cm
- 2 Bastelhölzchen, 11,5 cm x 1 cm
- Fotokartonreste in Rot, Hellblau, Hautfarbe und Gold
- Acrylfarbe in Hellblau und Gold
- Papierkordel in Natur, 6 x 15 cm lang
- Blumendraht, ø 0,35 mm, 20 cm lang
- Transparentpapierrest mit Noten in Weiß

VORLAGENBOGEN 4B

Die Engelchen werden wie der Schornsteinfeger auf Seite 31/32 gearbeitet. Für die Haare gekräuselten Papierdraht und als Kragen ziehharmonikaartig gefaltetes Transparentpapier aufkleben. Papierschleifen auf die Haare kleben und das dünne Bastelholz mit den Händen fixieren. Löcher einstechen und das Herz- oder Sternenband anbringen.

MOTIV-HÖHE
Türschild ca. 31 cm
Figuren ca. 18 cm

MATERIAL TÜRSCHILD

- 4 Bastelhölzchen, 11,5 cm x 1 cm
- Bastelhölzchen, 15,5 cm x 2 cm
- Fotokarton in Hellblau, A4
- Fotokartonreste in Weiß, Dunkelblau, Schwarz, Orange, Rot und Dunkelgrün
- Transparentpapierrest in Weiß gestreift
- Acrylfarbe in Braun und Weiß
- Bast in Natur
- Wachsperle in Hellblau, ø 8 mm
- Blumendraht, ø 0,35 mm, 3 x 10 cm und 1 x 30 cm lang
- Schnee- oder Plusterstift in Weiß

Hurra, es schneit!

→ niedliche Bastelholzfiguren

Türschild

1 Die vier kleinen Bastelhölzchen mit brauner Farbe, das große mit weißer Farbe streichen und trocknen lassen.

2 Die Papierstücke für Hutkrempe, Tanne, Schal und Herzen zunächst mit Buntstift bemalen und erst dann ausschneiden.

3 Das Herz mit einem Cutter ausschneiden und Transparentpapier dahinter kleben. Das Dach aufsetzen und die Schneehaube von der Rückseite fixieren.

4 Das weiße Bastelhölzchen oben mit Haaren aus Bast verzieren und den Hut samt Krempe darüber fixieren. Den Schal aufkleben und das Gesicht gestalten. Den Schneemann auf das Haus kleben.

5 Die Tanne mit der von hinten fixierten Schneehaube aufkleben und den Zaun aufsetzen.

6 Das weiße Schild beschriften, auf dunkelblauen Fotokarton kleben und mit einem 2 mm breiten Rand ausschneiden. Mit einer Prickelnadel Löcher einstechen und die Herzen mit den kurzen Drahtstücken anbringen. Die Drahtenden kräuseln.

7 Eine Drahtschnur mitsamt der Perle oberhalb des Dachs als Aufhängung ergänzen, dafür wieder Löcher vorstechen und die Drahtenden kräuseln.

8 Zuletzt die weißen Zierstriche mit einem Lackmalstift auftragen und die Schneeflächen auf Hut und Zaun mit dem Schnee- oder Plusterstift gestalten.

Elch und Schornsteinfeger

1 Die Bastelhölzchen laut Abbildung streichen und trocknen lassen. Sämtliche benötigten Motivteile aus Fotokarton ausschneiden.

2 Beim Elch das Gesicht und die Haare mit einem wasserfesten Filzstift auf das Hölzchen malen und die ebenso bemalte Schnauze aufkleben. Die Ohren und das Geweih von der Rückseite ergänzen.

3 Das Gesicht des Schornsteinfegers mit Filzstiften und Buntstift

ELCH

- Bastelhölzchen, 15,5 cm x 2 cm
- Fotokartonreste in Hellbraun, Grün, Weiß und Hautfarbe
- Ilexblatt aus Polyresin, ø 2 cm
- Acrylfarbe in Hellbraun
- Satinband in Rot, 8 mm breit, 12 cm lang
- Blumendraht, ø 0,35 mm, 20 cm lang

SCHORNSTEIN-FEGER

- Bastelhölzchen, 15,5 cm x 2 cm
- Bast in Natur
- Hut in Schwarz, ø 4 cm (außen)
- Plastikstreuteil: Marienkäfer mit Kleeblatt, ø 2 cm
- Fotokartonreste in Rot, Weiß und Hautfarbe
- Acrylfarbe in Schwarz
- Satinband in Rot, 8 mm breit, 12 cm lang
- Blumendraht, ø 0,35 mm, 20 cm lang

VORLAGEN-BOGEN 4B

WEITERFÜHRUNG

Hurra, es schneit!

(für die Nase) gestalten und die Basthaare aufkleben. Den Kopf auf den Körper kleben, das angedrahtete Schild mit aufkleben und das Satinband umbinden. Den Hut aufsetzen.

Tipp: Die Figuren können Servietten zieren oder als Geschenkanhänger verwendet werden.

Die Autorin

Pia Pedevilla lebt in Bruneck (Südtirol). Sie studierte Kunst in Gröden und Werbegrafik in Urbino. Seit Jahren ist sie im Bereich der Illustration und des Designs für Kinder tätig, entwirft Holz- und Stoffspielzeug, didaktische Spiele für Kinder im Vorschulalter, Lichtobjekte und Teppiche. Viele Jahre hat sie an der Grundschule mit Kindern gebastelt und gemalt. Heute leitet sie Fortbildungskurse für Lehrer, interessierte Erwachsene und Kinder. Im frechverlag hat sie viele Bücher über verschiedene Arbeitstechniken veröffentlicht.

Mehr erfahren Sie unter www.piapedevilla.com

DIESES BUCH ENTHÄLT 4 VORLAGENBOGEN

IMPRESSUM

FOTOS: frechverlag GmbH, 70499 Stuttgart; Fotostudio Ullrich & Co., Renningen
DRUCK: frechdruck GmbH, 70499 Stuttgart
TEXT: Dr. Ulrike Voigt/Anja Buschmann

Auflage: 5. 4. 3. 2.
Jahr: 2009 2008 2007 2006 2005 [Letzte Zahlen maßgebend]

ISBN 3-7724-3420-7
Best.-Nr. 3420